AF332809

LE
DROIT DE LA PAIX

CONFÉRENCE

FAITE

À L'ÉCOLE DES HAUTES ÉTUDES SOCIALES

— PAR —

ANDRÉ WEISS

Professeur à la Faculté de Droit de l'Université de Paris,
Membre de l'Institut de Droit international,
Vice-Président de la Société française pour l'arbitrage
entre nations.

EXTRAIT DE L'OUVRAGE

La Paix et l'Enseignement pacifiste.

PARIS

FÉLIX ALCAN, ÉDITEUR

ANCIENNE LIBRAIRIE GERMER BAILLIÈRE ET Cie

108, BOULEVARD SAINT-GERMAIN, 108

1904

LE DROIT DE LA PAIX

Par André WEISS

PROFESSEUR A LA FACULTÉ DE DROIT DE L'UNIVERSITÉ DE PARIS
MEMBRE DE L'INSTITUT DE DROIT INTERNATIONAL

———

Mesdames et Messieurs,

Une voix éloquente, la voix d'un diplomate pacifique, nous a fait ici même un tableau magistral de ce que doit être la politique de la paix. Elle nous a dit avec une clarté saisissante ce que doit être, ce que sera la nouvelle société internationale, le jour où l'Europe, renonçant à ses haines stériles, aura résolu les problèmes qui la divisent, et se sera décidée à unir ses ressources pour faire face aux dangers économiques qui la menacent de toutes parts, et qui la menacent tout entière. A cette société internationale, qui est dans la logique des faits, qui s'élabore obscurément et presque inconsciemment sous nos yeux, qui est l'une des promesses les plus certaines de l'incertain avenir, il faut une conscience juridique internationale. A la politique de la paix, à cette politique, qui n'est pas celle de l'expectative et du silence, il faut un *Droit de la paix*.

C'est de ce droit de la paix, Mesdames et Messieurs, que je voudrais vous entretenir aujourd'hui : je voudrais

vous convaincre de son existence, de son indispensable
nécessité ; je voudrais vous le montrer puisant ses préceptes dans ce qu'il y a de plus profond et de meilleur
dans la nature humaine ; je voudrais vous faire assister
à ses incessants progrès, présage d'un triomphe définitif
et prochain.

Le Droit est une des faces de la vie, de la vie des peuples comme de celle des individus ; on le trouve à la
base de toute société ; il est de l'essence de tout groupe-
ment social. Du jour où l'homme, créature intelligente
et libre, a paru sur la surface du globe, le droit y a paru
avec lui. Incapable de se suffire à lui-même, il a dû
rechercher l'assistance de ses semblables ; il a dû leur
prêter son concours pour obtenir le leur ; il a dû asso-
cier ses efforts à leurs efforts, dans une lutte commune
contre les difficultés matérielles, dans une défense commune contre les ennemis communs. Mais de cet échange
de services, de cette confusion d'existences, de cette
identité d'aspirations et d'appétits, devaient naître et sont
nés des rivalités et des conflits. Ces rivalités, comment
les apaiser ? Ces conflits, comment les dénouer ? Comment faire régner dans la société naissante la paix,
l'ordre et l'harmonie ? Il a fallu pour cela assigner à
l'action des individus, de chaque individu, un domaine
séparé et des limites précises. Il a fallu leur dire : Vous
irez jusque-là, mais vous n'irez pas plus loin. Ceci vous
est permis ; cela vous est interdit. En un mot il a fallu
tracer à tout homme une règle de conduite, et en garantir
l'observation par des sanctions plus ou moins sévères.

Sans doute cette règle qui ordonne ou qui défend, cette règle d'action ou d'inaction, à laquelle nul n'a le droit de se soustraire, n'a pas reçu partout une formule identique; ses prescriptions varient suivant l'état social qui les a rendues nécessaires, suivant le degré de civilisation du peuple qu'elles sont appelées à régir, suivant le pouvoir qui les a décrétées. Mais, quelque forme qu'elle revète, qu'elle emprunte son autorité au libre consentement, à l'adhésion volontaire des citoyens, qu'elle soit l'expression des caprices arbitraires d'un despote, qu'elle ait été dictée par la Divinité elle-même au milieu des éclairs du Sinaï ou dans le mystère des temples sacrés, cette règle a un nom : elle s'appelle *le droit*. Il n'est pas de nation, il n'est pas de société qui n'ait un droit. Là où il y a pas de droit, il n'y a pas de société ; et partout où il y a une société, partout où plusieurs êtres vivent en commun, le droit existe, le droit règne : *Ubi societas, ibi jus.*

Le droit est donc inséparable de l'idée de société ; il est un élément nécessaire de la vie de relation. Mais ce fait, dont l'évidence s'impose à l'esprit, lorsqu'il s'agit de régler les rapports réciproques des citoyens d'un même pays, n'est pas moins vrai lorsqu'il s'agit des États.

Les États, Mesdames et Messieurs, ne sont pas de pures expressions géographiques, ce ne sont pas des agglomérations inintelligentes et fortuites, nées on ne sait comment et on ne sait pourquoi, subissant, inertes et passives, les fatalités et les vicissitudes de l'histoire, enfermées, comme par une muraille de Chine, derrière les frontières que leur a données la nature ou la conquête, et privées de tout contact avec le dehors. Ce sont de véritables personnes, des personnes collectives, des personnes morales, mais des personnes agissantes et vivantes, ayant une conscience, avant une volonté. Ces États, dans lesquels sont venus se fondre, comme dans un creuset magique, le génie, les tendances et les qualités distinctives d'une race, ont des intérêts et des devoirs qui leur sont propres ; et ces intérêts et ces devoirs ne sont pas toujours d'accord avec les intérêts et avec les devoirs des États voisins.

Comme les individus, les nations ont besoin les unes des autres ; et il ne leur est pas permis de s'ignorer et de s'isoler, sans se condamner à périr. Dotées de ressources inégales et riches de productions différentes, placées dans des conditions économiques qui varient avec le climat et avec le sol, elles ne peuvent se soustraire à la grande loi de la solidarité humaine ; elles se payent, sous forme d'échanges, un incessant tribut. D'autre part, chaque État a l'obligation impérieuse de maintenir intact le patrimoine matériel et moral que lui ont légué les générations disparues, et de le mettre à l'abri des convoitises qui le guettent ; il est le protecteur et le garant des droits des citoyens qui ont remis en ses mains le soin de les défendre ; il ne doit pas souffrir qu'il leur soit porté une atteinte injuste, en quelque point du monde. De là mille occasions de malentendus et de conflits ; de là des chocs et des heurts inévitables, dont le danger grandit avec l'importance des intérêts qui en forment l'enjeu ; de là aussi la nécessité d'établir certaines règles précises, en vue d'amortir ou même d'empêcher les froissements et les luttes violentes.

Il y a une société des États, comme il y a une société
des individus ; il doit donc y avoir un droit des États,
un droit entre les nations, comme il y a un droit entre les
individus. La coexistence de plusieurs États, également
indépendants, également maîtres de leurs destinées, a
pour corollaire le *droit international* ; on ne saurait ima-
giner un système politique d'où le droit international
serait banni. Et c'est à cette loi naturelle que Montesquieu rendait un hommage non exempt de paradoxe et
d'ironie, lorsqu'il s'écriait : « Toutes les nations ont
un droit des gens, et les Iroquois eux-mêmes qui man-
gent les prisonniers en ont un. »

Toutefois, Mesdames et Messieurs, il ne faut pas nous
payer de mots. Il ne suffit pas d'affirmer comme un fait
certain, comme une vérité universelle et nécessaire, que
les rapports entre les peuples ne sont pas placés en
dehors de la sphère du droit. Il ne suffit pas de proclamer
qu'il existe un droit international, qu'il existe jusque
chez les peuplades les moins civilisées et les plus cruelles,
qu'il ne peut pas ne pas exister.

Ce droit international, quel est-il ? d'où vient-il ? quel
est son domaine ? où puise-t-il son autorité ? Il y a plusieurs manières de le comprendre. Le même nom, le
même pavillon peut couvrir les marchandises les plus
disparates ; il abrite parfois les doctrines les plus oppo-
sées. Et entre ces doctrines, il faut nécessairement
choisir. Ayons la fierté de le dire, *notre* droit international ne ressemble pas à celui que Montesquieu prêtait
aux Iroquois cannibales ; il n'est pas celui que les anciens
ont pu entrevoir ou connaître. Le droit international du

passé, c'est le *droit de la guerre* ; le nôtre, celui d'aujourd'hui, celui de demain, c'est le *droit de la paix*.

Pour mesurer l'abîme qui sépare ces deux conceptions, pour mesurer le chemin parcouru, transportons-nous de quelques vingt siècles en arrière. Demandons au peuple qui a porté le plus haut le culte du droit, au peuple dont les jurisconsultes sont demeurés nos éducateurs et nos modèles, dont les Codes restent debout, au milieu de tant de ruines, comme un monument d'éternelle justice et d'impérissable sagesse, demandons aux Romains de nous dire quelle idée ils se faisaient du droit international.

Cette idée, commune à tous les peuples de l'antiquité, elle tient en deux mots : L'étranger, c'est l'ennemi. Il vit en dehors et en marge de la cité, alors même qu'il en habite le sol ; les dieux de la cité ne sont pas ses dieux ; les lois de la cité ne sont pas faites pour lui ; il n'a rien à attendre de ses tribunaux et de ses magistrats, si ce n'est une dédaigneuse tolérance ; il est hors la justice et hors la loi ; vivant, il est comme s'il était mort. Et si telle est la condition de l'étranger, même en temps de paix, elle devient plus misérable encore, lorsque la guerre éclate entre Rome et sa cité d'origine. Sa personne, ses biens, tout ce qu'il est et tout ce qu'il possède est une proie offerte à l'avidité ou à la cruauté du vainqueur. La mort, la servitude, le pillage, voilà le lot du vaincu. Le *Homo homini lupus* des philosophes, le *Vae victis* du Brenn gaulois, résument exactement le droit de cette époque primitive. De droit, il n'en est que pour le plus fort.

Et cependant, Mesdames et Messieurs, même alors, les conquérants romains semblent avoir éprouvé quelque scrupule à invoquer uniquement la raison du plus fort. Ils veulent bien reculer par les armes les limites de leur empire ; ils veulent bien dépouiller leurs ennemis ; ils veulent bien porter le fer et le feu dans leurs champs et dans leurs demeures ; ils veulent bien les soumettre aux pires traitements et aux pires exactions. Mais ils se souviennent qu'ils sont un peuple de jurisconsultes ; ils tiennent à observer les formes ; ils tiennent à colorer d'un prétexte juridique leurs entreprises les moins avouables. Cette préoccupation se fait jour au plus haut degré dans les prescriptions du vieux droit fétial romain dont l'origine remonte sans doute aux premiers temps de la royauté.

Vous avez tous entendu parler du collège des Fétiaux, de ces personnages de la Rome primitive, à la fois prêtres, ambassadeurs et juges, auxquels était confié le soin de ses relations avec le dehors. Leur intervention dans la politique romaine se manifestait à un double moment. C'est par eux que la guerre commence ; ce sont eux qui président au traité qui en marque la fin. Le peuple romain croit-il avoir à se plaindre d'un de ses voisins , il soumet ses griefs à l'appréciation du collège des Fétiaux ; et lorsque ceux-ci se sont convaincus — peut-être n'étaient-ils pas bien difficiles à convaincre ! — de la justice de sa cause, ils délèguent un ou plusieurs d'entre eux avec mission de demander satisfaction à l'offenseur. Et toute la procédure qui se déroule alors, et qui présente la plus grande analogie avec celle des

litiges ordinaires, est empreinte d'une incomparable grandeur.

Arrivé à la frontière, l'ambassadeur, le *pater pa-
tratus*, revêtu de ses ornements sacerdotaux, prend
la parole ; il expose les plaintes de ses commettants ; il
prend les dieux à témoin de la pureté de ses intentions,
en ces termes dont Tite-Live nous a gardé la formule :
« Entends-moi, Jupiter ; entendez-moi, dieux des limites ;
et toi, oracle sacré du droit, écoute : Je suis le messager
du peuple romain, et mes paroles méritent toute con-
fiance. » Puis il énumère en détail les diverses répara-
tions qu'il est chargé d'obtenir, et il termine son discours
par ces mots qui renferment contre lui-même la plus
terrible imprécation : « Grand Jupiter, si c'est contre
l'équité et la justice que je viens ici, ne permets pas que
je revoie jamais ma patrie. »

Cette adjuration solennelle, le Fétial la répète en
franchissant la frontière ; il la répète à la première personne qu'il rencontre sur sa route ; il la redit enfin,
sauf quelques variantes, à l'entrée de la ville ennemie
et sur la place publique. De retour à Rome, il y attend
pendant trente-trois jours le résultat de sa démarche ;
et si, à l'expiration de ce délai, satisfaction n'a pas été
donnée au peuple romain, il retourne une fois encore
sur le sol étranger, et il y lance un dernier défi :
« Ecoute, Jupiter, dit-il alors ; et toi, Junon ; écoute,
Quirinus ; écoutez, dieux du ciel, de la terre et des
enfers. Je vous prends à témoin que ce peuple oppose
un refus injuste à nos justes réclamations ; nous avise-
rons, dans notre pays, aux moyens d'obtenir justice. »

C'est seulement alors que, toutes les voies de conciliation ayant été épuisées, le Sénat et le peuple sont appelés à se prononcer sur l'opportunité d'une déclaration de guerre ; c'est alors seulement que les hostilités peuvent s'ouvrir. De quelques atrocités qu'elle puisse être le prétexte, quelques ruines qu'elle puisse traîner à sa suite, la guerre est *juste*, parce que tous les rites prescrits par le droit fétial ont été religieusement observés, parce que toutes les paroles consacrées par la tradition ont été prononcées au temps voulu. Les formes sont sauves : le droit est satisfait. Les Romains n'ont rien à craindre de la fortune des armes ; les dieux sont avec eux et combattront pour eux.

Les Fétiaux nous apparaissent donc, aux premiers âges de la puissance romaine, comme tenant la paix et la guerre dans les plis du voile de laine blanche qui ceignait leurs fronts ; ils évoquent à leur prétoire, en pleine barbarie, les différends qui séparent les peuples ; ils sont les juges, je n'ose encore dire les arbitres, du droit de la guerre.

Et, si leur justice avait été moins complaisante et moins partiale, je ne connaîtrais rien de plus imposant dans l'histoire que ce tribunal qui, il y a plus de deux mille ans, par la seule vertu de l'autorité morale et religieuse dont il était revêtu, osait imposer à une nation de conquérants et de soldats l'obéissance à ses arrêts. Comme je comprendrais le cri d'admiration de Bossuet : « Sainte institution, s'il en fut, et qui fait honte aux chrétiens, à qui un Dieu, venu pour pacifier toutes choses, n'a pu inspirer la charité et la paix ! »

J'ai tenu, Mesdames et Messieurs, à vous présenter le droit de la guerre sous ses plus séduisantes couleurs. Nous l'avons vu, chez le peuple le plus belliqueux de l'antiquité, soumettre à des prescriptions minutieuses, entourer de formes solennelles, et couvrir du manteau respecté de la religion, l'appel à la violence ; nous l'avons vu faire dépendre le recours aux armes d'un simulacre de procès et de jugement, où se révèlent les habitudes d'une race merveilleusement douée pour les choses du droit. Il semble donc que le droit fétial romain ait donné à la justice internationale des garanties précieuses, que même aujourd'hui ses règles pourraient être observées, non sans profit, dans les rapports des États.

Et cependant c'est dans cette organisation en apparence si heureuse, c'est dans ce droit fétial, auquel vont tant d'hommages et peut-être de regrets, que je vois clairement apparaître les défauts du droit de la guerre, que je découvre les vices et les imperfections qui le condamnent.

a) Tout d'abord, je conteste formellement que le droit de la guerre, tel que les Romains l'avaient conçu, ait eu le caractère d'un véritable droit international, d'un *jus inter gentes*. Le propre du *droit,* c'est d'être obligatoire pour tous ceux dont il gouverne les rapports. Le droit national oblige au même titre tous les citoyens du pays qui l'a mis en vigueur ; tous lui doivent un égal respect, une égale obéissance ; tous ont un droit égal à se plaindre de ce qu'il ait été méconnu ou violé. Le droit international, lui aussi, doit lier toutes les nations, tous les États, dont il a pour objet de régler les intérêts communs et de prévenir les rivalités possibles ; il doit être supérieur aux différents États ; il doit commander à tous ; il faut que tous puissent l'invoquer, que tous puissent dénoncer les atteintes qu'il aurait reçues.

Le droit international a donc pour condition première l'égalité des États qui en sont les sujets ; il faut que les États soient égaux devant lui, exactement comme les citoyens sont égaux devant les lois de leur patrie. Or, cette égalité nécessaire, les Romains ne l'ont jamais connue et n'ont jamais voulu la connaître ; leur immense orgueil n'aurait pu s'y plier. La formule hautaine *Ego civis sum Romanus* donne la mesure du dédain qu'ils professent pour le reste des hommes. Maîtres du monde, ils ont des clients, ils ont des esclaves, ils ont des sujets, ils ont des ennemis ; ils n'ont pas, ils ne veulent pas avoir d'égaux ; ils ne peuvent dès lors avoir de droit international. Et c'est ce que constatait avec sa précision habituelle mon excellent maître, M. Accarias, dans le beau livre qu'il a consacré aux institutions juridiques romaines : « Le développement du droit interna-
« tional, écrit-il, implique la coexistence de plusieurs
« nations, reconnaissant réciproquement leur indépen-
« dance et leur droit d'être, et entretenant ensemble
« une série de relations fondées sur une égalité complète
« ou approximative. Comment donc les Romains, qui ne
« connurent jamais que des ennemis à dompter ou des
« barbares dont ils vivaient séparés par le mépris autant
« que par la distance, eussent-ils réussi à constituer un
« véritable droit des gens ? »

La conséquence qui résulte de là, Mesdames et Messieurs, vous l'apercevez sans peine, c'est que, lorsque le peuple romain se trace à lui-même certaines règles auxquelles il affirme la volonté de se soumettre dans les déclarations de guerre aussi bien que dans la conclusion des traités, il n'entend assumer aucun engagement envers les cités étrangères. D'engagement, il n'en prend qu'envers ses dieux et envers lui-même; lui seul est lié, comme le serait un monarque absolu par la charte que son bon plaisir octroie à ses sujets; nul n'a qualité pour lui rappeler ses infidélités ou pour lui reprocher ses injustices. Les autres nations, il les ignore; elles n'existent pas pour lui; elles n'ont pas de droit devant lui.

En définitive, le droit de la guerre des Romains n'est qu'une loi intérieure; c'est une loi civile romaine faite pour les seuls Romains, n'obligeant que les seuls Romains, et ne les obligeant qu'envers eux-mêmes; c'est une affaire entre eux et leurs dieux; c'est une réglementation unilatérale : ce n'est pas un droit international.

b) Mais ce n'est pas là, Mesdames et Messieurs, la seule critique que j'élève contre la conception romaine du droit de la guerre. Je lui reproche encore son caractère profondément utilitaire et égoïste.

Ce prétendu droit international ne se propose nullement de faire régner la justice dans les relations entre les peuples; il ne poursuit pas davantage l'adoucissement des horreurs de la guerre. Il n'y est dit nulle part, que je sache, que c'est une action coupable que de tuer son ennemi désarmé, qu'il est mal de réduire en esclavage celui que la fortune des armes a trahi; que la propriété privée du vaincu doit être respectée. Le droit de la guerre romain n'a pas empêché le héros de l'indépendance gauloise de périr assassiné dans la prison Mamertine, après avoir orné le triomphe de César. Il n'a empêché aucun abus de la force ; il n'a découragé aucune brutalité. Ce droit n'a d'autre raison d'être, il n'a d'autre principe que l'intérêt des Romains eux-mêmes. Ce qu'on lui demande, c'est de légitimer aux yeux du vainqueur, fût-ce au prix d'une monstrueuse hypocrisie, toutes les violences et toutes les cruautés, de faire taire la voix de sa conscience, d'étouffer ses remords, enfin et surtout de préparer le succès de ses armes, en associant la divinité elle-même aux aventures les plus suspectes, en en faisant l'alliée et la complice de ses perfidies. Le fondement du droit de la guerre chez les Romains n'a donc rien d'élevé, rien de désintéressé. Son mobile principal, son mobile unique, c'est le désir de leur assurer la victoire ; c'est l'égoïsme.

c) Enfin, Mesdames et Messieurs, le plus grand défaut de ce droit de la guerre, c'est précisément, à mes yeux, d'être *le droit de la guerre.*

Que penseriez-vous d'un pays, où les lois ne s'appliqueraient qu'à certains jours déterminés, et où leur action demeurerait suspendue pendant tout le reste du temps? Vous diriez, et vous auriez cent fois raison de le dire, que c'est là un bien singulier pays et que ce sont là des lois bien singulières. Vous plaindriez les citoyens livrés, dans l'intervalle de leurs applications, à toutes les vexations et à tous les excès de pouvoir. Vous affirmeriez qu'il n'y a pas de droit dans ce pays, que son régime c'est l'anarchie.

Eh bien, le droit de la guerre n'est pas autre chose, ne fait pas autre chose, dans les rapports des peuples. Ce droit de la guerre, nous l'avons vu, ne se manifeste chez les Romains qu'à certains tournants de leur histoire, au moment où la guerre commence et au moment où elle finit. C'est lui qui préside à la déclaration de guerre; c'est lui qui préside à la conclusion de la paix; mais, dans toute la période comprise entre ces deux points extrêmes, il n'élève plus la voix; son empire s'arrête. La guerre une fois déclarée suivant les formes instituées par le droit fétial, tous les attentats contre les personnes et les propriétés deviennent licites; il n'y a plus de morale, il n'y a plus de droit. De droit, il n'y en a pas davantage pour l'étranger, une fois que les hostilités ont pris fin et se sont terminées par sa défaite. Je vous disais tout à l'heure combien même alors sa condition est précaire et lamentable. En temps de paix comme en temps de guerre, l'étranger c'est toujours l'ennemi : ni lui, ni la cité dont il fait partie n'ont rien à attendre du peuple roi.

En ne s'occupant que de la guerre, en ne réglementant que la guerre, en bannissant de leur droit tout ce qui pouvait rappeler la possibilité de relations pacifiques avec le dehors, les Romains étaient partis de cette idée que la guerre est l'état normal de l'humanité. C'est là l'erreur capitale de leur système; c'est là l'erreur de tous ceux qui, après eux, ont voulu identifier le droit international et le droit de la guerre. Et contre cette erreur l'évidence proteste aussi bien que la raison.

Non ! il n'est pas vrai que la guerre soit la con-

dition nécessaire et normale de l'existence des nations ;
il n'est pas vrai que les hommes aient été mis au monde
pour faire une œuvre de mort. L'homme a pour fin le
développement de ses facultés physiques, intellectuelles
et morales ; il a pour but de créer, d'acquérir, de s'ache-
miner vers la perfection, et par cela même de concourir,
dans la mesure de ses forces, aux progrès de la société
à laquelle il appartient. Or, que la guerre éclate, toutes
les facultés de l'homme sont détournées de ce but. Le
soldat emploie ses forces à détruire et non pas à créer.
Si les plus nobles vertus, si la fidélité au devoir, si l'amour
de la patrie poussé jusqu'au sacrifice de la vie, fleurissent
parfois sur les champs de bataille — et ce n'est pas moi
certes qui leur refuserai mon admiration, — souvent aussi
les plus bas instincts de la nature humaine : la haine, la
fureur, l'esprit de rapine, s'y donnent impunément car-
rière. Si la guerre élève les grands caractères, elle
rabaisse les caractères moyens, elle les démoralise en
faisant appel aux pires passions. Et ceux-là mêmes qui ne
prennent pas à la lutte une part directe, y perdent cette
sécurité qui est la condition essentielle de leur liberté et de
leur développement ; ils perdent le sentiment de ce qui est
défendu et de ce qui est permis ; la loi morale se voile à
leurs yeux.

La permanence de l'état de guerre serait donc le
retour à la plus sauvage barbarie, et condamnerait la
société à une prompte et irrémédiable décomposition.
Heureusement elle n'existe que dans les désirs de quelques
utopistes sanguinaires. La guerre est une exception,
une exception qui devient de plus en plus rare dans

la vie des peuples. C'est un accident, c'est une rupture de l'ordre normal, c'est un cataclysme, comme un tremblement de terre, comme un cyclone, comme une éruption volcanique ou une explosion de grisou. Mais de pareils accidents sont en dehors du droit ; ils échappent à toutes les lois ; ils en sont le renversement.

Dès lors, que vient-on parler de droit de la guerre ? Ces deux mots jurent de se trouver ensemble. La guerre, c'est le recours à la force ; et la force ne connaît d'autre loi que la sienne, d'autre droit que le sien. Et même, dans les cas où la guerre n'apparaît pas comme absolument injuste, même dans les cas où l'épée est tirée pour le service d'une noble cause, c'est singulièrement rétrécir le domaine du droit international que de limiter son action à la durée des hostilités et aux rapports des belligérants entre eux. Dans les périodes toujours plus longues qui séparent les collisions sanglantes, il n'est pas possible que les relations des peuples demeurent sans règle et sans droit. La paix est la condition normale, la condition rationnelle de la vie internationale. Il faut un droit de la paix ; le seul véritable droit international, c'est le *droit de la paix*.

Cette vérité, Mesdames et Messieurs, si simple, si élémentaire, il a fallu plusieurs siècles pour l'apercevoir. Le moyen âge, époque de troubles et de violences qui avait fait de la guerre, non seulement de la guerre internationale, mais de la guerre privée, de ville à ville, de château à château, l'occupation ordinaire des seigneurs et des vilains, devait nécessairement hériter de la conception romaine. Sans doute les idées d'humanité avaient fait de notables progrès. S'il n'y avait plus de Fétiaux pour apprécier la légitimité des conflits, l'Église était là, qui volontiers élevait la voix en faveur des faibles et des opprimés, qui faisait appel à la modération du vainqueur, qui lui imposait la Trève de Dieu. Et, dans plusieurs ouvrages appartenant à la fin de cette période, dans l'*Arbre des batailles*, écrit par un moine, Honoré Blonet, comme dans le *Livre des faits d'armes et de chevalerie*, œuvre d'une femme, Christine de Pisan, se trahissent de louables efforts pour rendre les guerres moins meurtrières et plus humaines. Il y est dit que l'on doit, en temps de guerre, respecter la personne et les biens des non combattants ; on y enseigne qu'il faut accorder merci à l'ennemi qui se rend et le traiter avec douceur ; on y recommande la plus grande loyauté envers ses ennemis, la fidélité au serment, le respect des ambassadeurs ; on va jusqu'à condamner la pratique alors si répandue des rançons. Mais ce ne sont là que des conseils, ce sont des préceptes de charité, où se reconnaît l'action du christianisme ; c'est encore le droit de la guerre. Dans l'Europe du moyen âge, comme à Rome, il n'y a pas de droit international, il n'y a pas de *droit de la paix*.

C'est au xviie siècle seulement que le Droit de la paix fait son apparition sur la scène du monde, avec le célèbre traité de Grotius *sur le droit de la guerre et de la paix (De jure belli et pácis)*. Dans ce traité, publié en 1625, et dont le retentissement fut considérable, le droit de la paix prend place à côté du droit de la guerre, en attendant qu'il le détrône. Mais cette place est encore bien modeste. Grotius, qui avait été le témoin attristé des horreurs de la guerre de Trente ans, se préoccupe avant tout d'en prévenir le renouvellement ; il songe avant tout à la guerre ; il trace aux belligérants les règles dont ils doivent s'inspirer ; on voit que c'est pour eux qu'il a écrit son livre Toutefois le jurisconsulte hollandais avait l'esprit trop élevé pour ne pas porter ses regards plus loin que ces horizons sanglants. Il se rend compte que les peuples ne vivent pas seulement par la guerre et pour la guerre ; et il dégage, sous une forme peut-être un peu trop philosophique et abstraite, les principes qui lui semblent devoir régir leur conduite en temps de paix.

Malgré des imperfections inévitables, le livre de Grotius a exercé une influence décisive sur les destinées du droit international : c'est de lui que date véritablement le droit international. Lu, annoté et commenté dans tous les pays et dans toutes les langues, il a, on peut le dire, orienté définitivement les esprits et dirigé la politique des gouvernements au xvii⁰ et au xviii⁰ siècle. Les diplomates réunis au Congrès de Westphalie l'ont eu constamment sous les yeux ; il a été leur bréviaire ; ils y ont sans aucun doute puisé les éléments des traités de 1648 qui ont pour la première fois jeté les bases du *droit des gens européens*, fondé sur l'équilibre des Puissances ; je ne crois pas trop m'avancer en attribuant à l'influence de Grotius la création des légations permanentes dans les diverses capitales.

Sans doute, Mesdames et Messieurs, les conceptions de Grotius sont loin d'être irréprochables ; elles se ressentent du temps où elles ont vu le jour. Si elles ont le grand mérite de proclamer l'égalité des États et leur souveraineté, si elles reconnaissent l'existence d'une communauté juridique entre les peuples, et par suite l'existence d'un droit international, d'un droit supérieur à tous et obligatoire pour tous, en temps de paix comme en temps de guerre, l'intérêt tient encore trop de place dans ce droit international. Les égards que chaque État témoigne aux autres États sont surtout inspirés par le désir de la réciprocité. C'est la politique du *Do ut des* ; c'est un échange de bons procédés, c'est de la courtoisie internationale ; ce n'est pas, et ma pensée va se préciser dans un instant, ce n'est pas véritablement du droit. Et c'est ce qui nous explique que le droit des gens d'alors se qualifie d'*européen* ; c'est ce qui nous explique que les États et les peuples demeurés en dehors de la civilisation d'Occident ne soient pas appelés à participer à ses avantages : ils n'y participent pas, parce que les États de l'Europe n'ont pas grand'chose à attendre d'eux et par suite n'ont aucun intérêt à les ménager. L'intérêt est encore le critérium et la mesure du droit. Comme le droit de la guerre des Romains, le droit international de Grotius, son droit de la paix, est encore un droit utilitaire ; il n'existe, il ne peut exister que dans la mesure où les traités l'ont sanctionné ; il n'existe qu'entre les nations qui ont signé ces traités, entre les nations qui se connaissent et qui ont besoin l'une de l'autre.

Il est temps maintenant, Mesdames et Messieurs, que j'abandonne ces considérations rétrospectives. J'ai largement usé du droit de critique ; mais vous avez le droit d'exiger que je vous dise à mon tour comment je comprends le droit internationnal, c'est-à-dire le droit de la paix, et quel fondement j'entends lui assigner.

Pour cela il est indispensable que je réponde une fois de plus à l'objection, à l'éternelle objection que les adversaires du droit international ne se lassent pas de dresser sous nos pas.

Le droit international, disent-ils, est une pure chimère : c'est un mot qui ne répond à aucune réalité objective. Qu'est-ce en effet que le droit ? Le droit, tous les juriconsultes s'accordent à le définir ; je le définissais moi-même tout à l'heure : c'est une règle d'action ou d'inaction ; c'est une règle à laquelle on ne peut se dispenser d'obéir. Mais le droit n'est pas un produit de la génération spontanée. Il est impossible de concevoir un droit, c'est-à-dire une règle obligatoire, en l'absence d'un pouvoir supérieur, chargé de l'édicter, de lui donner une formule et ayant les moyens d'en imposer le respect. Le droit suppose nécessairement trois organes : le *législateur* qui fait la loi, le *juge* qui a mission de l'interpréter et de diriger ses applications, enfin le *gendarme* qui l'exécute au besoin par la force. Or, où sont, en matière internationale, le législateur, le juge, le gendarme ? Il n'y en a pas ; donc il n'y a pas de droit international. Ce que l'on appelle de ce nom n'est, comme au temps de Grotius, que l'intérêt bien ou mal compris des États ; c'est cet intérêt, c'est leur volonté d'y pourvoir, qui fait la loi ;

en dehors de cet intérêt, le droit international n'a par lui-même aucun fondement, aucune force obligatoire.

Que cette thèse ait trouvé crédit en Allemagne, qu'elle ait été soutenue avec éclat par des jurisconsultes ordinairement mieux inspirés, il ne faut pas s'en étonner outre mesure ; mais ce qui me confond et ce qui m'attriste, c'est qu'en France même elle ait rencontré des défenseurs. Écoutons M. Accollas : « Le droit international n'est pas un droit. Le signe propre et caractéristique du droit, la sanction de l'action lui fait défaut. Entre nations, lorsque l'une viole le droit de l'autre, comme il n'existe pas de pacte qui lie le genre humain et qui en mette la force collective à la disposition de la nation dont le droit est violé, cette nation ne peut recourir qu'à sa propre force... Entre particuliers, c'est un principe fondamental qu'on ne se fait pas justice à soi-même ; entre nations, le principe est renversé. Le droit international peut-il devenir un droit véritable ? La sanction de l'action peut-elle y être introduite ? La chimère d'un tribunal arbitral qui déciderait entre les nations est réfutée par l'histoire autant que par la raison. L'amphictyonie grecque n'a pas empêché la lutte d'Athènes et de Sparte. A supposer qu'une sorte d'amphictyonie pût être instituée, de manière à donner des garanties suffisantes à la justice, un pareil tribunal aurait toujours ce vice irrémédiable d'être impuissant à faire respecter ses décisions. »

Excusez, Mesdames et Messieurs, la longueur de cette citation ; j'ai tenu à laisser la parole à M. Accollas lui-même ; la page que je viens de vous lire résume avec ses

beaucoup de clarté et de force la théorie de nos contradicteurs. Pour eux, il n'y a pas de droit en dehors
d'une règle promulguée et d'une sanction légale. Le
droit international n'est donc pas un droit, puisque d'une
part il n'y a pas de pouvoir législatif supérieur aux différents États, puisque de l'autre, les règles de conduite
internationale qu'il leur plaît de s'imposer manquent de
toute sanction effective.

La première de ces raisons repose sur une idée tout à
fait inexacte du rôle qui incombe au législateur et du
problème qu'il est appelé à résoudre. Ceux qui l'invo-
quent commettent une grossière erreur. Ils confondent
deux choses essentiellement et absolument distinctes :
le *Droit*, principe antérieur à toute société et à toute
législation humaines, et la *Loi*, expression matérielle,
visible et contingente de la protection dont les hommes
ont cru devoir l'entourer. Pas de droit, affirment-ils, en
l'absence d'un texte officiellement promulgué. Le droit
à l'existence, le droit à la propriété, le droit de penser,
tout cela serait à la merci d'une législation intolérante
et oppressive !

Mesdames et Messieurs, cette conception du droit
n'est pas la nôtre ; elle répugne à tous nos instincts. Je
l'ai déjà dit : Partout où deux êtres également libres,
également autonomes, vivent l'un à côté de l'autre,
l'idée de droit se fait jour et s'impose, comme une conséquence inéluctable et nécessaire de la vie de relation.
Chacun de ces êtres a le droit de vivre ; chacun d'eux
peut et doit user librement, soit dans l'ordre physique,
soit dans l'ordre intellectuel et moral, des facultés qui lui

ont été données en partage, pourvu qu'il ne contrarie en aucune manière l'exercice des facultés égales qui appartiennent à son semblable. Dans toute société, la liberté de chacun a pour limite et pour régulateur la liberté de tous. Le respect de la liberté d'autrui, voilà le fondement du droit. La vie sociale engendre toujours un rapport réciproque de droit et d'obligation. *Droit* pour tout individu de se conserver et de se développer sans entrave, en un mot droit de faire tout ce qui ne compromet pas la liberté d'autrui. *Obligation* pour tout individu de respecter le droit de son semblable ; obligation de s'arrêter là où l'exercice de ses propres facultés cesserait d'être inoffensif.

Et ce rapport de droit et d'obligation se conçoit à merveille, même en l'absence de législateurs et de magistrats ; il n'est pas de législateurs, il n'est pas de gouvernement qui ait le pouvoir de le méconnaître. Le droit est au-dessus de la loi. Nous avons sur ce point le témoignage de l'un des hommes qui ont le plus fait pour le droit international : le témoignage de Mancini. Voici ce que disait le célèbre homme d'État italien, dans ce discours de Turin de 1851, où le principe des nationalités a trouvé son expression définitive : « Le droit ne peut jamais être un produit de la pure volonté humaine ; il est toujours une nécessité de la nature morale ; il dérive comme conséquence pratique d'un principe de l'ordre moral qui tire son origine d'une région supérieure à celle où les hommes vivent et veulent. » En tenant ce langage, Mesdames et Messieurs, Mancini pensait au droit international.

C'est qu'en effet le droit des États a le même fondement, le même point de départ et la même essence
que le droit des individus. L'État est une collection d'individus : le droit de l'État est une collection de droits
individuels. L'individu est donc fondé à réclamer pour
ceux de ses droits qu'il a mis en commun la même protection que pour ceux dont il s'est réservé l'exercice per-
sonnel et exclusif. Isolément, il a le droit de vivre ; il
est garanti contre toute entreprise homicide. Pourquoi
cette garantie lui serait-elle retirée, lorsque ce n'est pas
un individu, mais une Puissance étrangère, c'est-à-dire
un groupe plus ou moins nombreux d'individus, parlant
une autre langue et portant un costume différent, qui,
sans raison, sans provocation, dans une vue de conquète,
vient le menacer de mort avec ses fusils et ses canons
perfectionnés, en même temps que tous ses concitoyens ?
La grandeur de l'attentat suffirait-elle à le rendre légi-
time ? Isolément, l'individu a le droit de posséder et de
conserver ce qu'il possède. Pourquoi, s'il s'est réuni à
d'autres individus pour constituer un État, la propriété
collective que les efforts et le travail de nombreuses
générations ont accumulée pour eux, pourquoi le terri-
toire qui leur appartient en commun ne seraient-ils pas
également inviolables, également mis à l'abri du pillage
et de l'effraction ? Isolément, chaque individu a le droit
de se donner à la patrie de son choix ; il a le droit de
changer de nationalité quand il le désire. Pourquoi donc
la force des armes imposerait-elle à une province tout
entière, c'est-à-dire à des centaines de milliers d'individu, une patrie dont ils ne veulent pas, et dont un

abîme sanglant les sépare? Isolément, chacun de nous
participe et a le droit de participer, par ses votes, par le
choix de ses mandataires, au gouvernement et à l'administration du pays. De quel droit un État étranger vien-
drait-il se mêler à nos affaires et à nos querelles inté-
rieures, substituer ses idées à nos idées, sa politique à
notre politique, et nous donner un maître qui servirait
ses intérêts au détriment des nôtres ?

Vous le voyez, l'État est la raison sociale des individus ;
l'indépendance des États est la résultante des libertés indi-
viduelles ; le droit de l'individu mène au droit international. Comme le droit de l'individu, le droit international
est indépendant dans son existence et dans son principe,
de toute affirmation écrite ; il n'a pas besoin de législateur. Par cela seul que la destinée des nations est de
vivre et d'agir dans une harmonie parfaite, et de se limiter
l'une l'autre dans l'exercice de leurs facultés, il y a, il
faut qu'il y ait au-dessus d'elles une règle de droit, dont
l'objet sera de concilier leurs intérêts rivaux, et dont il
ne leur est pas permis de s'affranchir.

Sans doute cette règle, qui doit servir de guide aux
gouvernements et aux diplomates dans leurs relations
avec le dehors, cette règle qui rend à chacun ce qui lui
appartient, et qui condamne l'emploi de la force entre
les peuples comme entre les individus, n'apparaît pas
tout d'abord avec une clarté parfaite. Il a fallu et il fau-
dra peut-être encore de longs siècles de paix pour la
dégager entièrement, pour lui donner un corps, pour
en déduire toutes les conséquences logiques. Mais enfin,
c'est beaucoup de savoir qu'elle existe ; c'est beaucoup

de savoir que chaque jour nous rapproche de l'idéal qu'elle nous propose.

Et à cet égard, il est impossible de ne pas être frappé de deux choses : d'une part, de l'extension progressive du droit international à l'humanité tout entière ; de l'autre, de l'abandon de plus en plus marqué de la pratique de l'intervention.

Pendant longtemps, le bénéfice de ce qu'on appelait le *Droit des gens européen* est demeuré réservé aux populations chrétiennes des deux mondes. Les traités de 1815 excluaient encore formellement les pays musulmans de l'accord des Puissances, et il faut venir à l'année 1856, au traité de Paris, pour voir l'Empire ottoman admis à participer aux avantages du droit public et du concert européen. Depuis lors, les rapports des nations occidentales avec l'Orient se sont étendus et affermis. De nombreux traités de commerce et de navigation ont fait pénétrer le droit international dans des pays qui lui étaient toujours demeurés obstinément fermés, au Japon, au Siam, jusque dans l'immense empire de Chine ; — il est vrai qu'il y a récemment subi quelques éclipses.

D'autre part, tandis que le droit international franchit les limites d'abord si étroites que lui avaient assignées les préjugés et les différences de races et de religions, sa notion s'épure chaque jour davantage. Dans les temps anciens, — et sans remonter bien haut il est facile d'en trouver de nombreux exemples, — les nations les plus puissantes se croyaient en droit d'abuser de leur force pour imposer aux plus faibles leurs volontés et leur domination, d'intervenir à tout moment dans leurs affaires et de les diriger au gré de leurs propres intérêts. L'antiquité et le moyen âge nous font assister à une longue série d'interventions armées. La monarchie française, par les guerres qui ont ensanglanté les règnes de Louis XIV et de Louis XV, et la Révolution elle-même, en réponse aux menaces des alliés, ont fait de l'intervention un usage fréquent. Enfin, le xixe siècle, avec les luttes de l'Empire contre l'Europe coalisée, avec la Sainte-Alliance, avec les affaires d'Italie, de Grèce, d'Espagne et d'Orient, l'a pratiquée dans une large mesure. Mais aujourd'hui, d'autres idées prévalent, et il semble bien que la politique d'intervention ait fait son temps. C'est presque un axiome à cette heure, et les gouvernements n'osent plus guère y contredire ouvertement, que l'action du droit international se limite aux seuls rapports des nations entre elles. Pourvu que ces rapports soient réguliers et corrects, tous les peuples ont le droit de se gouverner et de s'administrer comme ils l'entendent, et tant que leur système de gouvernement ou d'administration ne compromet en rien les droits égaux des autres nations ou les intérêts supérieurs de l'humanité, l'intervention étrangère, même pacifique, est injustifiable.

Ainsi, Mesdames et Messieurs, le droit international, le droit de la paix, suit une double marche en avant : d'une part, il gagne sans cesse du terrain en ralliant à ses principes fondamentaux les nations autrefois les plus réfractaires ; de l'autre son idée se précise et s'élève en restreignant son application à la vie extérieure des États.

Enfin ce droit international, que l'on voudrait reléguer dans les sphères inaccessibles d'une métaphysique nuageuse, trouve chaque jour dans les faits la plus éclatante des confirmations. N'est-ce donc rien que ces conventions innombrables qui, ouvertes à toutes les adhésions, revêtues du sceau de presque tous les États civilisés, viennent proclamer la communauté de leurs vues et la solidarité de leurs intérêts ? Ne tissent-ils pas entre les nations des liens de plus en plus difficiles à rompre ? ne sont-ils pas pour la paix une armature solide ? ne sont-ils pas une préface, la plus admirable des préfaces, à cette fédération que M. d'Estournelles appelle de ses vœux, ces traités d'union, qui, dans tous les domaines, affirment la nécessité et la possibilité d'une action internationale, soit qu'il s'agisse de lutter contre les fléaux naturels qui nous menacent ; soit qu'il s'agisse de garantir en tous lieux aux écrivains et aux inventeurs la protection de leurs droits ; soit qu'il s'agisse d'enserrer le crime dans les mailles de l'extradition et d'organiser le libre échange des malfaiteurs de tous les pays ; soit qu'il s'agisse enfin d'assurer aux conflits de lois et de juridictions, sur tous les points du monde, une solution identique ?

On nous demande où est le législateur du droit international. Mais le législateur, le voilà : c'est l'accord, c'est le concert des nations. Docile aux enseignements du droit, préoccupé de maintenir intacts le droit et la liberté de chacun, il rédige ses codes sous forme de traités ; et ces codes, de plus en plus complets, donneront bientôt au droit international la formule définitive qu'il attend et dont l'absence a été si souvent invoquée contre lui par ses ennemis et par ses détracteurs.

Mais on nous arrête et l'on nous dit : En admettant que

le droit international ait ses principes et ses règles de
conduite ; en admettant même qu'il ait un jour plus ou
moins prochain son législateur, les obligations que ce
droit engendre ne peuvent être, dans tous les cas, que
des obligations purement morales. Ce droit dont vous
affirmez l'existence est entièrement dépourvu de sanction ;
il n'a à son service ni juges ni gendarmes. Ici encore nos
contradicteurs sont en retard. La gendarmerie internationale existe ; nous l'avons vue à l'œuvre en Crète, nous
l'avons vue en Chine, où les contingents de toutes les
nations se sont réunis pour réprimer un attentat sans
exemple contre le droit des gens. Peut-être demain son
action sera-t-elle encore ailleurs nécessaire ? Les juges
internationaux ! ils existent également ; vous les connais-
sez : c'est la Cour arbitrale de La Haye, dont une initia-
tive, venue d'outre-mer, a enfin ouvert les portes, trop
longtemps défendues par de mauvais génies et dont le
fonctionnement régulier changera la face du monde.

Mais le droit international a d'autres sanctions encore,
également efficaces, également énergiques. L'histoire,
elle aussi, est un tribunal, un tribunal sans appel, qui
traduit à sa barre, qui juge et qui flétrit les injustices
commises par les souverains et par les peuples. Et l'opi-
nion publique, qui devance les jugements de l'histoire,
n'exerce-t-elle pas, grâce à la diffusion de la presse et
au développement des institutions réprésentatives, une
influence de jour en jour plus heureuse sur la solution
des conflits internationaux ? Y a-t-il beaucoup de chefs
d'État qui soient, à l'heure actuelle, en mesure de la
braver ?

C'est donc nier l'évidence que de prétendre que le droit international, le *droit de la paix*, est dénué de sanctions. Ces sanctions existent; elles agissent, elles se développent tous les jours sous nos yeux, et il n'est pas permis d'alléguer leur absence ou leur imperfection relative pour contester l'existence d'un véritable droit qui, sans rien demander à la violence, gouverne les rapports des nations entre elles. De ce que la vie humaine et la propriété individuelle ne sont pas toujours, même dans les États les plus policés, à l'abri d'un attentat ou d'une usurpation, personne assurément ne conclura que le droit de l'individu n'est qu'un mot.

Je crois ainsi avoir suffisamment répondu aux principales objections que l'on dirige contre la conception d'un droit appliqué aux rapports internationaux. Et je termine d'un mot cette trop longue conférence.

Il y a un droit international, comme il y a un droit de l'individu. Ce droit a pour base le respect de la liberté d'autrui, de cette liberté qui, pour les États, s'appelle l'indépendance; il a ses sanctions toujours perfectibles; il est universel, et s'étend même aux peuples qui vivent le plus étrangers à nos mœurs et à notre civilisation. Enfin il ne peut agir et se développer librement que dans une atmosphère pacifique ; il existe pour la paix; il a besoin de la paix. La guerre en est la négation et le contre-pied. Mesdames et Messieurs je ne connais qu'un droit international, c'est le droit qui prime la force, c'est le *droit de la paix*.

ÉVREUX, MPRIMERIE DE CHARLES HÉRISSEY

www.ingramcontent.com/pod-product-compliance
Lightning Source LLC
LaVergne TN
LVHW020453060726
842525LV00005B/1690